AF259662

DES NOIRS

DE LEUR SITUATION

DANS LES COLONIES FRANÇAISES.

PARIS. — DE L'IMPRIMERIE DE RIGNOUX

RUE DES FRANCS-BOURGEOIS-S.-MICHEL, N° 8.

DES NOIRS

DE LEUR SITUATION

DANS LES COLONIES FRANÇAISES.

L'ESCLAVAGE N'EST-IL PAS UN BIENFAIT POUR EUX
ET UN FARDEAU POUR LEURS MAÎTRES?

PAR M. F*. Pⁿ.

PARIS.

CHARLES MARY, LIBRAIRE,

PASSAGE DES PANORAMAS.

1831.

DES NOIRS

DE LEUR SITUATION

DANS LES COLONIES FRANÇAISES.

L'ESCLAVAGE N'EST-IL PAS UN BIENFAIT POUR EUX
ET UN FARDEAU POUR LEURS MAÎTRES.

Dans le deuxième numéro du tome vingtième de la *Revue de Paris* se trouve un article sur les *Noirs* que l'auteur, M. Schoelcher, a rendu très intéressant par la manière dont il est écrit et par la position malheureuse où il représente cette classe d'hommes.

Sans disconvenir que l'amélioration du sort de ces individus ne soit à désirer, et qu'on ne doive faire tous ses efforts pour y parvenir, je suis loin de partager son opinion sur leur situation présente. M. Schoelcher traite ce sujet comme tous les Européens qui viennent aux colonies, et comme je l'aurais fait moi-même dans les premiers momens de mon arrivée aux Antilles ; c'est-à-dire imbus de l'horreur qu'inspire le seul nom d'esclave, et d'après l'impression que l'on éprouve à l'aspect d'êtres nus et couverts de haillons. Mais il suffit d'un ou deux ans de séjour dans ces contrées pour changer d'opinion; et la meilleure preuve, c'est que généralement les Européens, arrivés avec les dispositions les plus bienveillantes à leur égard, ne tardent pas à devenir les maîtres les plus sévères, les plus durs, et les nègres eux-mêmes le savent tellement, qu'excepté un maître de leur couleur ou un maître mulâtre, ils ne redoutent rien tant que d'être vendus à un Européen.

M. Schoelcher paraît n'avoir vu que les nègres de la Nouvelle-Orléans, et il croit que dans toutes les colonies leur sort est le même. C'est une erreur. Dans chaque pays ils sont soumis à un régime plus ou moins sévère; mais dans tout, et principalement dans les colonies françaises, on cherche tous les moyens de l'améliorer, et on le croira facilement si l'on réfléchit que si ce n'est pas par humanité, c'est au moins par intérêt; par intérêt!.... ce mot dit tout. Est-il un stimulant plus puissant!... Si l'on croit cependant que le maître ne considère le nègre que comme une machine travaillante, on se trompe fort, car il est peu de propriétaires qui ne soient attachés à leurs nègres; et comment voudrait-on qu'il en fût autrement, si l'on pense aux peines, aux soins qu'il a fallu prendre pour les élever, s'ils sont créoles, ou les civiliser s'ils sont venus de la côte d'Afrique? Lors même qu'on supposerait que les planteurs ne les considèreraient que sous ce rapport, on conviendra au moins qu'il est de leur avantage qu'ils jouissent d'une bonne santé, parce que plus ils seront forts et bien portans, plus ils en obtiendront de travail. Si en France on a intérêt à conserver un bœuf ou un cheval, on en a dans les colonies un bien plus grand encore à conserver un nègre, parce que si le cheval où le bœuf vient à mourir, on en trouve un autre au marché voisin, et on en est quitte pour quelque argent, tandis qu'il n'en est pas de même dans nos contrées, *il n'y a pas de marché* où l'on puisse trouver à acheter un nègre à son choix; chacun garde ceux qu'il possède, et le besoin seul peut décider de petits propriétaires à se défaire d'un bon sujet. Lorsque la traite avait lieu, la chose ne pouvait même se faire aussi facilement qu'on le pense. Si dans une cargaison de nègres nouveaux, on en trouvait un qui convînt, ce nègre, véritable idiot, était plus de deux ans à se débarbariser; il ne pouvait rendre aucun service pendant ce temps, sans compter qu'il coûtait en nourriture, médicamens, habillemens, une somme égale à son prix d'achat; heureux encore si, après tant de peine, il ne mourrait pas, ayant communiqué aux autres nègres de son maître la petite vérole, la gale, ou autres maladies dont sont généralement infectés les noirs arrivant de la côte, ce qui porte la mortalité parmi eux à plus d'un sur trois. Que l'on se donne donc la peine de calculer à quel prix revient le nègre qui remplace le nègre mort, et l'on verra si le propriétaire a intérêt à bien soigner ses esclaves.

Si M. Schoelcher venait dans les colonies françaises et qu'il voulût examiner sans prévention une habitation bien administrée, en faisant toute fois la part aux localités, c'est-à-dire en accoutumant ses yeux à la nudité des nègres, ce qui n'est pas une marque de misère, mais une nécessité du climat, il verrait que ces êtres, objets de tant de sollicitude, sont loin d'être aussi à plaindre qu'on ne cesse de les représenter. Bien plus, je soutiens qu'incapables de se conduire par eux-mêmes, il est indispensable qu'ils soient menés par une intelligence supérieure, comme les écoliers le sont par leurs maîtres. Allez à Saint-Domingue, voyez le sort de ces nègres libres; voyez dans quel abrutissement ils sont aujourd'hui et si les corrections qu'on leur applique pour les forcer à travailler la terre ne sont pas mille fois plus cruelles que celles qu'on inflige dans les colonies à leurs semblables qui sont cependant esclaves; comparez la position de l'un et de l'autre, soyez vrai, et vous conviendrez que les uns sont aussi misérables que les autres peuvent être heureux.

Que M. Schoelcher vienne visiter, je le répète, nos habitations, il verra que les bons sujets jouissent d'une aisance, d'un bien-être inconnu à la plupart des paysans d'Europe; qu'ils ont de très bonnes cases, de beaux jardins qu'ils cultivent le samedi et le dimanche et qui leur produisent, non seulement de quoi se nourrir, mais encore de quoi satisfaire à leurs autres besoins et à bien des petites fantaisies; que la plupart ont des cochons, des volailles et autre bétail, dont ils font un trafic très lucratif; qu'après les heures de travail ils sont libres de leurs actions; que grand nombre de nègres trouvent chaque soir le temps d'aller voir leurs maîtresses à trois et quatre lieues de l'habitation, car presque tous ces messieurs sont excessivement libertins et ne se contentent pas des femmes qu'ils ont sur l'habitation de leurs maîtres; il leur en faut plusieurs qu'ils choisissent dans des lieux assez éloignés afin d'en ôter la connaissance à celle avec laquelle ils *restent.*

Un nègre est-il malade, il le déclare au propriétaire ou à l'économe; de suite on l'envoie à l'hôpital, bâtiment très spacieux construit dans la partie la plus saine de l'habitation; là on le met au cèpe, non pour le gêner, comme le dit M. Schoelcher, mais pour l'empêcher de courir, d'aller s'exposer à la pluie, augmenter son mal et détruire l'effet des remèdes qu'on lui administre. Des négresses de confiance servent d'hospitalières, et chaque jour, matin et soir, la maîtresse de l'habitation vient visiter les malades. Si M. Schoelcher avait vu nombre de fois comme moi de jeunes et jolies femmes, élevées dans les pensionnats les plus en vogue à Paris, tâter de leurs mains si fraîches et si blanches le pouls d'un vieux nègre, souvent dégoûtant, panser elles-mêmes les plaies les plus repoussantes, il n'aurait pas accusé tous les créoles d'être de véritables monstres d'inhumanité, il en aurait au moins excepté ces êtres si sensibles et si dignes d'être honorés à l'égal des sœurs de la charité. Il fera sans doute encore un crime aux habitans de tenir les malades sous clef et de ne permettre aux autres nègres de communiquer avec eux qu'à une certaine heure, sans réfléchir que c'est une précaution salutaire sans laquelle leurs amis, croyant leur témoigner de l'attachement, leur glisseraient à manger comme cela se voit si souvent dans les hôpitaux d'Europe.

Le nègre mis à l'hôpital n'est-il malade que de paresse, après quelques jours de repos il est renvoyé au travail. Est-il réellement malade, les soins les plus empressés lui sont prodigués deux fois par semaine, et tous les jours, dans les cas graves, le médecin vient le visiter; n'importe le prix des médicamens ordonnés, ils sont de suite achetés. J'ai vu dans les premiers momens où le kinine a été connu aux colonies et qu'il se vendait deux francs vingt-cinq cent. le grain, un planteur ne pas hésiter à en donner de fortes doses à un nègre qu'il était convaincu de ne pouvoir réchapper. La meilleure volaille, le meilleur vin, sont réservés pour l'hôpital. Et vous voulez que des êtres traités de cette manière soient aussi malheureux que vous le dites!!! Comparez leur situation, lorsqu'ils sont malades, avec celle de vos paysans. Voyons maintenant le sort des femmes, des enfans et des vieillards.

Toute femme enceinte de six semaines ne fait plus que de très légers travaux; les deux derniers mois il n'en est plus exigé d'elle; on la nourrit à la case du planteur; une sage-femme très entendue aide à sa délivrance et soigne son enfant; elle reçoit, tant pour elle que pour le nouveau-né, tout ce qui est nécessaire, et de plus un cadeau de douze à quinze francs; pendant deux mois elle est nourrie aux frais du propriétaire, ensuite elle reprend ses travaux, mais elle est ménagée, ne va aux champs qu'une heure après les autres, rentre une heure plutôt et est dispensée de toute corvée, c'est-à-dire d'apporter des herbes pour les bestiaux, etc.; jamais on ne lui refuse, soit nourriture, soit ce dont elle peut avoir besoin. Son enfant est-il sevré, le matin elle le remet à une vieille négresse qui est chargée de sa garde toute la journée et qui le lui rend le soir. Toute femme qui a huit enfans ne doit plus de travail au propriétaire et devient libre de Savane, c'est-à-dire qu'on lui laisse sa case et la liberté de cultiver comme elle l'entend un jardin aussi étendu que sa force le comporte.

Les enfans sont élevés sous la surveillance de la maîtresse de l'habitation et confiés à de vieilles négresses qui ne travaillent plus à la terre. A neuf ou dix ans on commence à les utiliser; on en forme ce qu'on appelle la petite bande; ils sont occupés à arracher les mauvaises herbes qui poussent entre les cannes et à des travaux de ce genre. A l'âge de douze à quinze ans on en fait des valets de charrue, de cabrouet, des gardiens de bestiaux. De seize à dix-sept ans, selon qu'ils sont plus ou moins forts, on les fait passer au grand atelier, c'est-à-dire parmi les nègres qui plantent les cannes, fument la terre, travaillent au moulin pendant la récolte, en un mot font les travaux les plus rudes. Ces nègres commencent ordinairement le travail au jour et finissent à six heures du soir; ils ont une heure le matin pour déjeûner et deux heures à midi pour dîner; le soir ils apportent des herbes pour les bestiaux, font la prière en commun devant la case du propriétaire, et sont ensuite libres de faire ce qu'ils veulent. Dans les quatre mois de la récolte ils travaillent davantage; ils veillent quelquefois jusqu'à huit heures du soir, mais le sirop qu'on leur donne, le vesou qu'on leur distribue, les dédommagent amplement. Cette époque ressemble constamment à une fête; c'est absolument le temps des vendanges en France.

Des commandeurs, nègres comme eux, mais choisis parmi les meilleurs sujets, les conduisent au travail; ils sont armés d'un grand fouet, et en allongent de temps en temps quelques coups.

aux traînards et aux plus paresseux, non pour stimuler leur activité, mais pour les punir de leur paresse et de leur mauvais travail. Cette idée répugne à ceux qui ne connaissent pas les nègres, qui ne savent pas qu'à leur égard les moyens de douceur et de persuasion sont absolument nuls, et que les châtimens corporels sont les seuls stimulans qui puissent agir sur eux. Et pourquoi d'ailleurs tant se récrier sur ces châtimens dans les colonies? Nos matelots n'y sont-ils donc pas soumis eux-mêmes? ne leur inflige-t-on pas jusqu'à cent coups de garcette? Et quelle différence y a-t-il entre une garcette et un fouet? c'est que l'un a un manche et que l'autre n'en a pas; et que le matelot, recevant les coups de garcette, étendu ou amarré sur un canon, n'en perd pas un, tandis que le nègre est couché par terre, et que la moitié des coups porte en l'air; c'est que le matelot reçoit jusqu'à cent coups, et que le nègre n'en peut recevoir que de cinq à vingt-neuf. Sommes-nous d'ailleurs les seuls peuples chez qui de pareils châtimens ont lieu? Dans la terre classique de la liberté, aux États-Unis, n'administre-t-on pas jusqu'à quinze coups de fouet à tout citoyen, de quelque couleur qu'il soit, et n'importe sa constitution, pour ce qu'ils appellent *petty lar-*

cenies (petits vols)? Les Anglais, devenus tout à coup de si grands négrophiles, ne s'en servent-ils pas pour punir leurs soldats et leurs matelots, et même avec un raffinement de cruauté révoltante? Les Allemands ne conduisent-ils pas leurs soldats avec le bâton, les Russes avec le knout? Tous ces peuples jugent que les moyens coërcitifs sont les seuls qui puissent faire obéir certaine classe de leur population; et pourquoi voudrait-on que les colons ne s'en servissent pas à l'égard des nègres, de toutes les populations, sans contredit, la plus brute et la plus grossière?

Tout habitant est tenu de nourrir ses nègres, et le samedi on leur distribue la quantité de vivres que la loi a jugé nécessaire de leur allouer, ce qui n'empêche pas qu'on n'accorde pendant la semaine quelques doubles rations à ceux qui en demandent. Si l'habitant ne les nourrit pas, il leur donne un jour de la semaine, ordinairement le samedi, et pendant ce jour ils cultivent pour leur compte des jardins qu'on leur concède en aussi grande étendue qu'ils le veulent, et généralement les nègres préfèrent leur samedi à leur ordinaire, parce que dans un pays aussi fertile, ils y trouvent bien plus de profit. Ils travaillent pour eux, et cependant il faut qu'un commandeur les suive comme il le fait lorsqu'ils sont au jardin de leurs maîtres !... On ne saurait s'imaginer jusqu'où peuvent s'élever les produits qu'un nègre obtient de cette culture particulière : tout nègre ou négresse laborieux est assuré de se donner les jouissances dont bien peu de paysans journaliers de France ont même l'idée. Si l'on voyait, les jours de fête, une grande partie des négresses et des nègres d'une habitation vêtus comme ils le sont, on ne voudrait jamais croire que ce sont les mêmes individus qui, durant la semaine, couverts de leurs sales haillons, offraient l'aspect de la plus hideuse misère. Il n'est pas de nègre qui ne connaisse la valeur de toutes les pièces d'or, et bien peu qui n'en aient possédé, même de quatre-vingt-deux francs.

Suivons ces nègres dans leur vieillesse. Lorsque l'âge ou les infirmités les ont rendus incapables d'être d'aucune utilité à leurs maîtres, sont-ils abandonnés, comme nos paysans, à la grace de Dieu, c'est-à-dire réduits à *crever* de faim et de misère? Non certes. Ils restent dans de bonnes cases, reçoivent leur ordinaire comme lorsqu'ils étaient dans la force de l'âge, sont soignés à l'hôpital s'ils sont malades, et chaque année on leur distribue, comme à tous les autres nègres et négresses de l'habitation, deux rechanges complets de belle et bonne étoffe.

Voilà comme sont traités ces noirs si malheureux, sur le sort desquels il est de mode de s'a-
pitoyer, tandis que dans les campagnes, dans
les villes de France, on voit une foule de malheureux blancs mourir de faim et de froid sans
qu'on fasse pour eux d'autres sacrifices que des
vœux stériles, et cela parce qu'ils n'ont pas l'a-
vantage d'être *esclaves*. Donnez à ces noirs si in-
téressans, donnez-leur la liberté, et vous verrez
bientôt quel triste cadeau vous leur aurez fait.
Le nègre entend par la liberté, vivre sans travailler : aussi la plupart de ceux qui l'obtiennent
de la bonté ou de la faiblesse de leurs maîtres
ne tardent-ils pas à reconnaître que c'est un véritable fardeau, et à regretter leur esclavage,
qui était d'autant plus doux pour eux qu'ils vi-
vaient sous un maître qui les avait assez af-
fectionnés pour finir par les en affranchir. Comparez l'existence de cet individu pendant son
esclavage et après son affranchissement : esclave,
il était aimé de son maître, bien vêtu, bien
nourri ; libre, il faut renoncer à tout ce bien-
être ou l'acquérir à force de travail. En suppo-
sant que ce soit un de ces êtres industriels si
rares parmi cette caste, à peine peut-il pendant
quelques années travailler pour son existence,
car ce n'est guère qu'à quarante ans qu'il aura

pu mériter sa liberté; bientôt les maladies ar-
rivent; plus de travail; rien que des dépenses;
puis la misère la plus affreuse pour sa débile
vieillesse, sans autre ressource que la pitié.....
Cela est tellement vrai que les exemples de
mendicité, si rares dans ces contrées, ne se
trouvent que parmi les nègres affranchis [1]. La
liberté, pour presque tous les nègres, est la
même chose que seraient en France des lettres
de noblesse pour la plupart des domestiques
qui, s'ils en profitaient, mourraient de faim.

Le tableau que vous venez d'esquisser, dira-
t-on, est peint d'après celui qu'offre une habitation dirigée par un homme bon, généreux, qui

[1] Voici un fait dont je puis garantir l'authenticité :
Un nègre, arrivé depuis à peine quatre ou cinq ans de la
côte d'Afrique, apprend qu'il doit se faire une vente de
nègres nouveaux au bourg voisin ; il va trouver son maître et
lui dit : « Maître, je veux acheter une négresse? — C'est
« bien, lui répond en riant celui-ci, mais pour cela il faut
« de l'argent. — J'en ai, voilà 5o mocdes (environ 1,8oo fr.).
« — Mais, si tu es si riche, il vaut mieux t'acheter toi-
« même. — Nenni, pas si bête, vous fournissez à tous mes
« besoins et une fois libre il faudrait que j'y pourvusse moi-
« même. Je veux acheter une négresse pour en faire ma
« femme, pour qu'elle soigne ma case et qu'elle travaille
« avec moi pour vous. » Rien n'a pu le faire changer d'idée,
il a acheté sa négresse, il vit avec elle et la fait travailler à
ses côtés au jardin de son maître.

administre paternellement; mais sera-ce de même si cette habitation appartient à un de ces êtres égoïstes qui ne voient que leur intérêt, qui calculent qu'en forçant leur culture, ils perdront tant de nègres, mais qu'ils feront tant de sucre de plus, que par conséquent il faut sacrifier l'un pour obtenir l'autre?... On assure que cet exécrable calcul se faisait jadis à Saint-Domingue : je le veux supposer un moment sans y croire; mais maintenant peut-il en être de même? Non : je l'ai démontré plus haut d'une manière péremptoire, et s'il se trouvait des hommes assez féroces, assez ennemis de leur intérêt pour agir avec cruauté envers leurs nègres, ce seraient des insensés, de ces exceptions qui ne peuvent être qu'en bien petit nombre, et dont l'autorité coloniale ne tarderait pas à faire justice. Mais si, en opposition avec la barbarie de ces maîtres, on mettait la cruauté, la férocité, avec lesquelles les nègres des habitations les plus paternellement administrées exercent leur vengeance pour les plus légers mécontentemens, le récit en ferait frémir leurs plus zélés défenseurs, et l'on aurait peine à me croire, quoique je n'avançasse que les faits les plus avérés. Si je disais, par exemple, qu'un nègre, pour faire sortir un économe qui lui déplaît par le motif le plus insignifiant, empoisonnera tout ou partie des bestiaux de son maître, empoisonnera ensuite ses camarades, et que, pour éviter tout soupçon, il commencera par..... Je m'arrête : de pareilles horreurs ne peuvent être comprises par des Européens qui n'ont pas étudié le nègre, non seulement aux colonies, mais encore en Afrique.

Peut-être dans un article me déciderai-je à considérer le nègre sous les rapports où il me semble que le ciel a voulu le placer, et ferai-je voir qu'il est de sa nature paresseux, parce qu'il est sans besoin et sans industrie, parce que la nécessité ne le force pas d'en avoir. Peut-être oserai-je me risquer à essayer de démontrer que la traite des noirs, qui était à mes yeux, comme à ceux de tous les Européens, un objet d'horreur, est peut-être un bienfait pour ces êtres barbares parmi lesquels le temps même n'a pu encore amener aucune espèce de civilisation, mais une traite légalement faite et surveillée par l'autorité de manière à la rendre aussi humaine que possible. Une seule observation m'échappera à cet égard, *c'est qu'il n'y a pas un nègre africain qui, après deux ans de séjour aux colonies, voulût retourner dans son pays.*

J'aurais peut-être dû suivre M. Schœlcher dans toute sa marche, et essayer de réfuter les er-

reurs dans lesquelles il est tombé; par exemple,
quand il dit : « Les *esclaves femelles sont occupées*
« aux champs comme les *mâles ;* on fait à peine
« la différence des sexes. » Et pourquoi les négresses n'iraient-elles pas aux champs comme les
nègres? En France, en Angleterre, les femmes ne
travaillent-elles pas à la culture de la terre comme
les hommes? Serait-ce parce qu'elles sont esclaves
qu'elles en seraient exemptées? Il ajoute : « La
« dissolution des mœurs est telle que, pour cin-
« quante sous, le nègre cède sa femme à un
« autre pour huit jours. » Jamais je n'ai vu d'exemple d'un pareil fait; ce n'est même pas dans le
caractère du nègre, qui est de son naturel jaloux
jusqu'à la férocité. Il dit encore : « Ce mélange
« de sexe produit, comme on le voit, une im-
« moralité, un concubinage affreux, sur lequel
« les planteurs, qui sont les vrais coupables,
« ferment entièrement les yeux, *parce qu'il* les
« *enrichit.* » Je ne croyais pas que le libertinage
eût un pareil résultat; il me semblait que c'était
au contraire lui qui était cause du peu d'accrois-
sement que prenait la population noire, et c'é-
tait le motif que j'en connais, me fondant sur
ce que les filles publiques en Europe sont les
femmes qui produisent le moins. Ensuite, n'est-
il pas plus qu'injuste d'accuser les propriétaires

de ce libertinage? Que dirait-on s'ils voulaient s'immiscer dans les affections de leurs esclaves? ce serait la plus affreuse des tyrannies, *la seule* que les nègres reconnussent pour *telle*, et qu'ils ne pourraient supporter, parce qu'ils n'en sentiraient pas la nécessité, au lieu qu'ils ont l'instinct de comprendre qu'ils sont incapables de se conduire eux-mêmes, et se soumettent à tout ce qu'on leur demande sous ce rapport.

M. Schoelcher convient que les nègres amassent sou à sou jusqu'à cinq cents gourdes pour s'acheter; cela seul prouve, il me semble, qu'ils ne sont pas si misérables qu'il le donne à entendre.

J'ai essayé de dépeindre quel était le sort actuel des esclaves dans les colonies françaises, je suis convenu qu'il s'est beaucoup amélioré depuis quinze ans, et je ne doute pas qu'il ne puisse s'améliorer encore infiniment : mais quelle est la cause de cette amélioration? les progrès qu'ont faits l'agriculture et l'administration des biens. L'agriculture..., en ce qu'au moyen de la charrue et d'autres instrumens aratoires, on n'est plus forcé d'employer les nègres à des travaux extrêmement durs, et qui épuisaient leurs forces. L'administration..., en démontrant aux colons qu'il était de leur véritable intérêt, non pas de produire autant que possible, mais de conserver avant tout; de sorte qu'il est préférable pour eux de faire quelques barriques de sucre de moins et de ne pas écraser de fatigues leurs esclaves. Ce qui n'a pas peu contribué à l'amélioration du sort des nègres, c'est celui de leurs maîtres : on conçoit facilement que le colon qui, pendant les longues années de guerre, manquait, ainsi que sa famille, des objets de première nécessité, ne pouvait pas traiter ses nègres comme il le fait maintenant, où il peut, à un prix raisonnable, vendre ses produits et acheter ses objets de consommation et d'exploitation. Si la condition des esclaves est dans les îles françaises plus douce que partout ailleurs; cela vient en grande partie de ce que ces colonies sont dans ce moment les plus florissantes.

Si j'avançais que l'esclavage, à le considérer dans sa réalité, est un *bienfait* pour le nègre et un *pesant fardeau* pour le planteur, je soulèverais contre moi tous les philanthropes et les hommes généreux qui sont révoltés au seul nom d'esclave, et l'on ne trouverait dans cette proposition qu'un paradoxe qui ferait honte à l'humanité. Cependant, si l'on voulait laisser de côté pour un instant l'horreur que ce nom d'esclave inspire, quitter l'*idéal* et descendre à la *réalité*, ou verrait que cet état, qui paraît contre nature, est un véritable bienfait pour ces individus. *De quel avantage* est-il pour le planteur d'avoir des *esclaves ?* Ne serait-il pas *plus profitable* pour lui d'employer des *bras libres ?* Voilà des questions nouvelles qui mériteraient de plus longs développemens que la légère esquisse que j'ai entrepris de tracer, et sur lesquelles je vais seulement jeter quelques réflexions.

Le seul avantage qu'il y ait pour un planteur d'avoir des esclaves, c'est *le droit de pouvoir les faire travailler,* car le nègre, étant de sa nature paresseux, ne s'y résourdrait pas si l'on n'employait pour l'y forcer des moyens coërcitifs, et s'il ne savait pas que son maître, par cela seul qu'il est son maître, a le droit de l'y contraindre. Le nègre, malgré son peu d'intelligence, a l'instinct du juste et de l'injuste : et comment ne l'aurait-il pas, puisque tous les animaux domestiques en sont doués? Que l'on punisse un nègre aussi sévèrement qu'on le voudra, pour une faute qu'il aura commise, il ne s'en plaindra pas, et dira : « C'est juste, je l'ai bien gagné »; mais qu'on lui inflige injustement le plus léger châtiment, il en conservera une rancune que les meilleurs traitemens ne pourront lui faire oublier.

Si le seul avantage que le planteur retire d'avoir des esclaves est le *pouvoir* de les faire travailler, voyons ce que cet avantage coûte, et s'il n'en aurait pas un bien plus grand à employer des bras libres, s'il pouvait en trouver.

Le propriétaire, employant des bras libres, ne serait plus forcé d'avoir un capital aussi considérable que celui auquel lui reviennent ses esclaves, capital exposé à toutes les chances de la vie humaine, et encore à la malveillance du premier scélérat qui, pour exercer quelque vengeance particulière, même étrangère au planteur, le décimera par le poison.

N'employant que des bras libres, il ne se servira, comme en France, que de gens dans la force de l'âge, qu'il payera à la journée ou à la tâche. Dès-lors, au lieu d'avoir deux cents individus sur son habitation à loger, nourrir, vêtir, et soigner pendant leurs maladies, il n'en aura plus que soixante à soixante-quinze, car on calcule que sur deux cents nègres, grands et petits, jeunes et vieux, il n'y en a jamais plus de soixante à soixante-dix au travail. Quelle économie! plus d'enfans, plus de malades à soigner, plus de vieillards inutiles; c'est incalculable...... Qu'on réfléchisse donc un instant, et l'on verra de quel avantage il sera pour le planteur de se servir de gens libres au lieu d'esclaves, et que le *véritable*, *l'unique avantage* qu'il retire de *l'es-clavage*, est *le droit de faire travailler et la certi-tude d'avoir des travailleurs.*

Si ce tableau est exact, et je crois être certain que personne ne le démentira, voyons celui qu'offrira l'abolition de l'esclavage. Dès-lors, tous les liens qui attachent le planteur à ses esclaves se trouvent détruits; ils deviennent entièrement étrangers l'un à l'autre. Le planteur n'a plus besoin de cases à nègres, qui lui coûtent tant à bâtir et à entretenir; plus d'hôpital, plus de soins; les nègres sont libres; c'est à eux de pourvoir à leurs besoins; on leur paiera leurs journées, c'est tout ce qu'ils ont droit de prétendre, et le soin de leurs enfans, de leurs malades, de leurs vieillards, les regardera seuls. Que résultera-t-il d'un pareil changement? — Que la culture sera abandonnée, parce que le nègre, paresseux de sa nature, ne voudra plus travailler dès qu'il aura de quoi manger pour le lendemain, ou se laissera aller à son penchant pour le vol, et ira dévaster le champ de son camarade ou celui de son ancien maître; puis, bientôt au vol succèderont le meurtre et le brigandage : chassez le naturel, il revient au galop, et les colonies verront les scènes affreuses dont la côte d'Afrique est sans cesse le théâtre sanglant.

Le nègre, je le répète, entend, par liberté, vivre dans l'abondance et sans travail ; le nègre, quoi qu'en puissent dire les philanthropes, est de son essence paresseux et féroce ; il se sent de la zone sous laquelle il a pris naissance ; la crainte du châtiment est le seul frein qui puisse l'empêcher de se livrer à son naturel ; lui donner la liberté serait le plus exécrable présent qu'on pourrait lui faire ; ce serait d'abord condamner les propriétaires à une ruine certaine, et ensuite les livrer au poignard de leur ci-devant esclaves. Quel est le but des philanthropes qui demandent l'abolition de l'esclavage ? Est-ce la ruine et le massacre des blancs des colonies ? —Non, certes, mais bien de vouloir, par un sentiment d'humanité qui les honore, faire participer au bonheur dont ils jouissent, une classe d'hommes dont le sort leur paraît affreux. Connaissent-ils bien cette classe d'hommes à laquelle ils portent un si grand intérêt. L'ont-ils assez étudiée pour savoir ce qui peut lui être avantageux ou nuisible ? Ils jugent constamment d'après eux et ne veulent pas prendre la peine de réfléchir que ce qui est un bien pour les uns est un fléau pour les autres. Qu'ils viennent sur les

lieux ; qu'ils y restent assez long-temps pour re-
quérir, à l'égard de ces *noirs*, des notions bien
exactes, et ils se convaincront que la liberté
serait pour eux un bien inutile, un véritable
fardeau qui, loin de les conduire à un état meilleur, les porterait à commettre les crimes les
plus horribles, et les plongerait dans un état
aussi misérable que celui de leurs compatriotes
de la côte et de Saint-Domingue ; que la seule
chose qu'on doive désirer pour eux, c'est qu'on
prenne tous les moyens possibles pour améliorer
leur sort, et le moyen d'y réussir n'est pas de
menacer sans cesse le colon d'une ruine com-
plète en abolissant l'esclavage, car toute existence précaire ne peut que lui être préjudicia-
ble. Que l'on rassure au contraire les planteurs
à ce sujet ; qu'ils puissent compter sur de longues
années de tranquillité, et on les verra eux-
mêmes chercher tous les moyens possibles d'a-
méliorer le sort de leurs esclaves. La meilleure
des cautions qu'ils pourront en donner, c'est
que leur intérêt s'y trouvera.

Guadeloupe, 1er février 1831.

F*. P*.

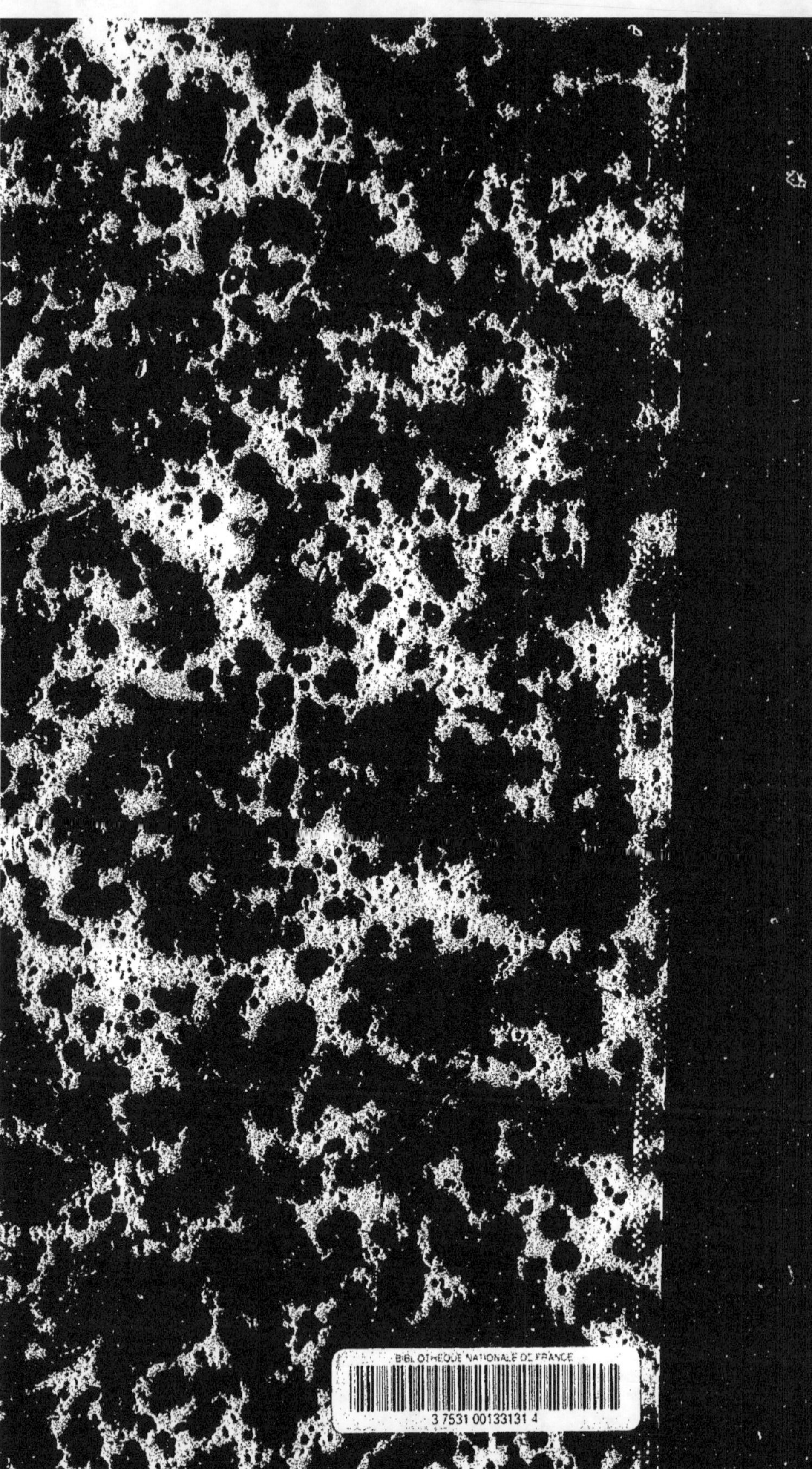